Dieses Buch gehört

_____

MONATSPLANER

Monat

Monatsziele
*
*
*
*
*
*
*

Termine
*
*
*
*
*
*
*

Veranstaltungen
*
*
*
*
*
*

Notizen
*
*
*
*
*
*
*

Woche 1

Woche 2

Woche 3

Woche 4

Woche 5

Übersicht

MONATSPLANER

Monat

Monatsziele
*
*
*
*
*
*
*

Termine
*
*
*
*
*
*
*

Veranstaltungen
*
*
*
*
*
*
*

Notizen
*
*
*
*
*
*
*

Woche 1

Woche 2

Woche 3

Woche 4

Woche 5

Übersicht

MONATSPLANER

Monat

Monatsziele
*
*
*
*
*
*

Termine
*
*
*
*
*
*

Veranstaltungen
*
*
*
*
*
*

Notizen
*
*
*
*
*
*
*

Woche 1

Woche 2

Woche 3

Woche 4

Woche 5

Übersicht

MONATSPLANER

Monat

Monatsziele
*
*
*
*
*
*
*

Termine
*
*
*
*
*
*
*

Veranstaltungen
*
*
*
*
*
*
*

Notizen
*
*
*
*
*
*
*

Woche 1

Woche 2

Woche 3

Woche 4

Woche 5

Übersicht

MONATSPLANER

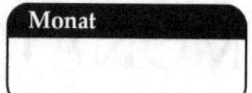
Monat

Monatsziele
*
*
*
*
*
*

Termine
*
*
*
*
*
*

Veranstaltungen
*
*
*
*
*
*

Notizen
*
*
*
*
*
*

Woche 1

Woche 2

Woche 3

Woche 4

Woche 5

Übersicht

MONATSPLANER

Monat

Monatsziele
* ----
* ----
* ----
* ----
* ----
* ----
* ----

Termine
* ----
* ----
* ----
* ----
* ----
* ----
* ----

Veranstaltungen
* ----
* ----
* ----
* ----
* ----
* ----
* ----

Notizen
* ----
* ----
* ----
* ----
* ----
* ----
* ----

Woche 1

Woche 2

Woche 3

Woche 4

Woche 5

Übersicht

MONATSPLANER

Monat

Monatsziele
* ....
* ....
* ....
* ....
* ....
* ....
* ....

Termine
* ....
* ....
* ....
* ....
* ....
* ....
* ....

Veranstaltungen
* ....
* ....
* ....
* ....
* ....
* ....
* ....

Notizen
* ....
* ....
* ....
* ....
* ....
* ....
* ....

Woche 1

Woche 2

Woche 3

Woche 4

Woche 5

Übersicht

MONATSPLANER

Monatsziele
* ----
* ----
* ----
* ----
* ----
* ----
* ----

Termine
* ----
* ----
* ----
* ----
* ----
* ----
* ----

Veranstaltungen
* ----
* ----
* ----
* ----
* ----
* ----

Notizen
* ----
* ----
* ----
* ----
* ----
* ----
* ----

Woche 1

Woche 2

Woche 3

Woche 4

Woche 5

Übersicht

MONATSPLANER

Monat

Monatsziele
*
*
*
*
*
*
*

Termine
*
*
*
*
*
*

Veranstaltungen
*
*
*
*
*
*
*

Notizen
*
*
*
*
*
*
*

Woche 1

Woche 2

Woche 3

Woche 4

Woche 5

Übersicht

MONATSPLANER

Monat

Monatsziele
*
*
*
*
*
*
*

Termine
*
*
*
*
*
*
*

Veranstaltungen
*
*
*
*
*
*

Notizen
*
*
*
*
*
*

Woche 1

Woche 2

Woche 3

Woche 4

Woche 5

Übersicht

MONATSPLANER

Monat

Monatsziele
* ......
* ......
* ......
* ......
* ......
* ......

Termine
* ......
* ......
* ......
* ......
* ......
* ......

Veranstaltungen
* ......
* ......
* ......
* ......
* ......
* ......

Notizen
* ......
* ......
* ......
* ......
* ......
* ......

Woche 1

Woche 2

Woche 3

Woche 4

Woche 5

Übersicht

MONATSPLANER

Monat

Monatsziele
*
*
*
*
*
*
*

Termine
*
*
*
*
*
*
*

Veranstaltungen
*
*
*
*
*
*
*

Notizen
*
*
*
*
*
*
*

Woche 1

Woche 2

Woche 3

Woche 4

Woche 5

Übersicht

MONATSPLANER

Monat

Monatsziele
* ----
* ----
* ----
* ----
* ----
* ----
* ----

Termine
* ----
* ----
* ----
* ----
* ----
* ----
* ----

Veranstaltungen
* ----
* ----
* ----
* ----
* ----
* ----

Notizen
* ----
* ----
* ----
* ----
* ----
* ----
* ----

Woche 1

Woche 2

Woche 3

Woche 4

Woche 5

Übersicht

MONATSPLANER

Monat

Monatsziele
*
*
*
*
*
*
*

Termine
*
*
*
*
*
*
*

Veranstaltungen
*
*
*
*
*
*
*

Notizen
*
*
*
*
*
*
*

Woche 1

Woche 2

Woche 3

Woche 4

Woche 5

Übersicht

MONATSPLANER

Monat

Monatsziele
* _____
* _____
* _____
* _____
* _____
* _____
* _____

Termine
* _____
* _____
* _____
* _____
* _____
* _____
* _____

Veranstaltungen
* _____
* _____
* _____
* _____
* _____
* _____
* _____

Notizen
* _____
* _____
* _____
* _____
* _____
* _____

Woche 1

Woche 2

Woche 3

Woche 4

Woche 5

Übersicht

MONATSPLANER

Monat

Monatsziele
*
*
*
*
*
*
*

Termine
*
*
*
*
*
*
*

Veranstaltungen
*
*
*
*
*
*
*

Notizen
*
*
*
*
*
*
*

Woche 1

Woche 2

Woche 3

Woche 4

Woche 5

Übersicht

MONATSPLANER

Monat

Monatsziele
*
*
*
*
*
*

Termine
*
*
*
*
*
*
*

Veranstaltungen
*
*
*
*
*
*

Notizen
*
*
*
*
*
*
*

Woche 1

Woche 2

Woche 3

Woche 4

Woche 5

Übersicht

MONATSPLANER

Monat

Monatsziele
*
*
*
*
*
*
*

Termine
*
*
*
*
*
*
*

Veranstaltungen
*
*
*
*
*
*
*

Notizen
*
*
*
*
*
*
*

Woche 1

Woche 2

Woche 3

Woche 4

Woche 5

Übersicht

MONATSPLANER

Monat

Monatsziele
*
*
*
*
*
*
*

Termine
*
*
*
*
*
*
*

Veranstaltungen
*
*
*
*
*
*

Notizen
*
*
*
*
*
*
*

Woche 1

Woche 2

Woche 3

Woche 4

Woche 5

Übersicht

MONATSPLANER

Monat

Monatsziele
* ....
* ....
* ....
* ....
* ....
* ....
* ....

Termine
* ....
* ....
* ....
* ....
* ....
* ....
* ....

Veranstaltungen
* ....
* ....
* ....
* ....
* ....
* ....
* ....

Notizen
* ....
* ....
* ....
* ....
* ....
* ....
* ....

Woche 1

Woche 2

Woche 3

Woche 4

Woche 5

Übersicht

MONATSPLANER

Monat

Monatsziele
*
*
*
*
*
*

Termine
*
*
*
*
*
*

Veranstaltungen
*
*
*
*
*
*

Notizen
*
*
*
*
*
*

Woche 1

Woche 2

Woche 3

Woche 4

Woche 5

Übersicht

MONATSPLANER

Monat

Monatsziele
*
*
*
*
*
*
*

Termine
*
*
*
*
*
*

Veranstaltungen
*
*
*
*
*
*

Notizen
*
*
*
*
*
*

Woche 1

Woche 2

Woche 3

Woche 4

Woche 5

Übersicht

MONATSPLANER

Monat

Monatsziele
*
*
*
*
*
*

Termine
*
*
*
*
*
*

Veranstaltungen
*
*
*
*
*
*

Notizen
*
*
*
*
*
*

Woche 1

Woche 2

Woche 3

Woche 4

Woche 5

Übersicht

MONATSPLANER

Monat

Monatsziele
*
*
*
*
*
*
*

Termine
*
*
*
*
*
*
*

Veranstaltungen
*
*
*
*
*
*
*

Notizen
*
*
*
*
*
*
*

Woche 1

Woche 2

Woche 3

Woche 4

Woche 5

Übersicht

MONATSPLANER

Monat

Monatsziele
*
*
*
*
*
*
*

Termine
*
*
*
*
*
*
*

Veranstaltungen
*
*
*
*
*
*
*

Notizen
*
*
*
*
*
*
*

Woche 1

Woche 2

Woche 3

Woche 4

Woche 5

Übersicht

MONATSPLANER

Monat

Monatsziele
*
*
*
*
*
*
*

Termine
*
*
*
*
*
*
*

Veranstaltungen
*
*
*
*
*
*
*

Notizen
*
*
*
*
*
*
*

Woche 1

Woche 2

Woche 3

Woche 4

Woche 5

Übersicht

MONATSPLANER

Monat

Monatsziele
* ...
* ...
* ...
* ...
* ...
* ...
* ...

Termine
* ...
* ...
* ...
* ...
* ...
* ...
* ...

Veranstaltungen
* ...
* ...
* ...
* ...
* ...
* ...
* ...

Notizen
* ...
* ...
* ...
* ...
* ...
* ...

Woche 1

Woche 2

Woche 3

Woche 4

Woche 5

Übersicht

MONATSPLANER

Monat

Monatsziele
*
*
*
*
*
*
*

Termine
*
*
*
*
*
*
*

Veranstaltungen
*
*
*
*
*
*
*

Notizen
*
*
*
*
*
*
*

Woche 1

Woche 2

Woche 3

Woche 4

Woche 5

Übersicht

MONATSPLANER

Monat

Monatsziele
*
*
*
*
*
*
*

Termine
*
*
*
*
*
*
*

Veranstaltungen
*
*
*
*
*
*

Notizen
*
*
*
*
*
*
*

Woche 1

Woche 2

Woche 3

Woche 4

Woche 5

Übersicht

MONATSPLANER

Monat

Monatsziele
*
*
*
*
*
*
*

Termine
*
*
*
*
*
*
*

Veranstaltungen
*
*
*
*
*
*
*

Notizen
*
*
*
*
*
*
*

Woche 1

Woche 2

Woche 3

Woche 4

Woche 5

Übersicht

MONATSPLANER

Monat

Monatsziele
*
*
*
*
*
*
*

Termine
*
*
*
*
*
*
*

Veranstaltungen
*
*
*
*
*
*

Notizen
*
*
*
*
*
*

Woche 1

Woche 2

Woche 3

Woche 4

Woche 5

Übersicht

MONATSPLANER

Monat

Monatsziele
*
*
*
*
*
*
*

Termine
*
*
*
*
*
*
*

Veranstaltungen
*
*
*
*
*
*
*

Notizen
*
*
*
*
*
*
*

Woche 1

Woche 2

Woche 3

Woche 4

Woche 5

Übersicht

MONATSPLANER

Monat

Monatsziele
*
*
*
*
*
*

Termine
*
*
*
*
*
*
*

Veranstaltungen
*
*
*
*
*
*

Notizen
*
*
*
*
*
*

Woche 1

Woche 2

Woche 3

Woche 4

Woche 5

Übersicht

MONATSPLANER

Monat

Monatsziele
*
*
*
*
*
*
*

Termine
*
*
*
*
*
*

Veranstaltungen
*
*
*
*
*

Notizen
*
*
*
*
*
*

Woche 1

Woche 2

Woche 3

Woche 4

Woche 5

Übersicht

MONATSPLANER

Monat

Monatsziele
* ....
* ....
* ....
* ....
* ....
* ....

Termine
* ....
* ....
* ....
* ....
* ....
* ....

Veranstaltungen
* ....
* ....
* ....
* ....
* ....
* ....

Notizen
* ....
* ....
* ....
* ....
* ....
* ....

Woche 1

Woche 2

Woche 3

Woche 4

Woche 5

Übersicht

MONATSPLANER

Monatsziele
*
*
*
*
*
*
*

Termine
*
*
*
*
*
*
*

Veranstaltungen
*
*
*
*
*
*
*

Notizen
*
*
*
*
*
*
*

Woche 1

Woche 2

Woche 3

Woche 4

Woche 5

Übersicht

MONATSPLANER

Monat

Monatsziele
*
*
*
*
*
*
*

Termine
*
*
*
*
*
*
*

Veranstaltungen
*
*
*
*
*
*

Notizen
*
*
*
*
*
*

Woche 1

Woche 2

Woche 3

Woche 4

Woche 5

Übersicht

MONATSPLANER

Monat

Monatsziele
*
*
*
*
*
*
*

Termine
*
*
*
*
*
*
*

Veranstaltungen
*
*
*
*
*
*

Notizen
*
*
*
*
*
*
*

Woche 1

Woche 2

Woche 3

Woche 4

Woche 5

Übersicht

MONATSPLANER

Monat

Monatsziele
* ......
* ......
* ......
* ......
* ......
* ......
* ......

Termine
* ......
* ......
* ......
* ......
* ......
* ......
* ......

Veranstaltungen
* ......
* ......
* ......
* ......
* ......
* ......

Notizen
* ......
* ......
* ......
* ......
* ......
* ......
* ......

Woche 1

Woche 2

Woche 3

Woche 4

Woche 5

Übersicht

MONATSPLANER

Monat

Monatsziele
* ....
* ....
* ....
* ....
* ....
* ....
* ....

Termine
* ....
* ....
* ....
* ....
* ....
* ....
* ....

Veranstaltungen
* ....
* ....
* ....
* ....
* ....
* ....
* ....

Notizen
* ....
* ....
* ....
* ....
* ....
* ....
* ....

Woche 1

Woche 2

Woche 3

Woche 4

Woche 5

Übersicht

MONATSPLANER

Monat

Monatsziele
* ----
* ----
* ----
* ----
* ----
* ----

Termine
* ----
* ----
* ----
* ----
* ----
* ----

Veranstaltungen
* ----
* ----
* ----
* ----
* ----
* ----

Notizen
* ----
* ----
* ----
* ----
* ----
* ----

Woche 1

Woche 2

Woche 3

Woche 4

Woche 5

Übersicht

MONATSPLANER

Monat

Monatsziele
* ....
* ....
* ....
* ....
* ....
* ....
* ....

Termine
* ....
* ....
* ....
* ....
* ....
* ....
* ....

Veranstaltungen
* ....
* ....
* ....
* ....
* ....
* ....
* ....

Notizen
* ....
* ....
* ....
* ....
* ....
* ....
* ....

Woche 1

Woche 2

Woche 3

Woche 4

Woche 5

Übersicht

MONATSPLANER

Monat

Monatsziele
* ......
* ......
* ......
* ......
* ......
* ......
* ......

Termine
* ......
* ......
* ......
* ......
* ......
* ......
* ......

Veranstaltungen
* ......
* ......
* ......
* ......
* ......
* ......
* ......

Notizen
* ......
* ......
* ......
* ......
* ......
* ......
* ......

Woche 1

Woche 2

Woche 3

Woche 4

Woche 5

Übersicht

MONATSPLANER

Monat

Monatsziele
* ----------
* ----------
* ----------
* ----------
* ----------
* ----------

Termine
* ----------
* ----------
* ----------
* ----------
* ----------
* ----------
* ----------

Veranstaltungen
* ----------
* ----------
* ----------
* ----------
* ----------
* ----------
* ----------

Notizen
* ----------
* ----------
* ----------
* ----------
* ----------
* ----------
* ----------

Woche 1

Woche 2

Woche 3

Woche 4

Woche 5

Übersicht

MONATSPLANER

Monat

Monatsziele
*
*
*
*
*
*
*

Termine
*
*
*
*
*
*
*

Veranstaltungen
*
*
*
*
*
*
*

Notizen
*
*
*
*
*
*
*

Woche 1

Woche 2

Woche 3

Woche 4

Woche 5

Übersicht

MONATSPLANER

Monat

Monatsziele
*
*
*
*
*
*
*

Termine
*
*
*
*
*
*
*

Veranstaltungen
*
*
*
*
*
*
*

Notizen
*
*
*
*
*
*

Woche 1

Woche 2

Woche 3

Woche 4

Woche 5

Übersicht

MONATSPLANER

Monat

Monatsziele
*
*
*
*
*
*

Termine
*
*
*
*
*
*

Veranstaltungen
*
*
*
*
*
*

Notizen
*
*
*
*
*
*

Woche 1

Woche 2

Woche 3

Woche 4

Woche 5

Übersicht

MONATSPLANER

Monat

Monatsziele
*
*
*
*
*
*
*

Termine
*
*
*
*
*
*
*

Veranstaltungen
*
*
*
*
*
*
*

Notizen
*
*
*
*
*
*
*

Woche 1

Woche 2

Woche 3

Woche 4

Woche 5

Übersicht

MONATSPLANER

Monat

Monatsziele
*
*
*
*
*
*
*

Termine
*
*
*
*
*
*
*

Veranstaltungen
*
*
*
*
*
*
*

Notizen
*
*
*
*
*
*
*

Woche 1

Woche 2

Woche 3

Woche 4

Woche 5

Übersicht

MONATSPLANER

Monat

Monatsziele
*
*
*
*
*
*
*

Termine
*
*
*
*
*
*
*
*

Veranstaltungen
*
*
*
*
*
*
*

Notizen
*
*
*
*
*
*
*

Woche 1

Woche 2

Woche 3

Woche 4

Woche 5

Übersicht

MONATSPLANER

Monat

Monatsziele
*
*
*
*
*
*
*

Termine
*
*
*
*
*
*
*

Veranstaltungen
*
*
*
*
*
*
*

Notizen
*
*
*
*
*
*
*

Woche 1

Woche 2

Woche 3

Woche 4

Woche 5

Übersicht

MONATSPLANER

Monat

Monatsziele
*
*
*
*
*
*
*

Termine
*
*
*
*
*
*
*

Veranstaltungen
*
*
*
*
*
*
*

Notizen
*
*
*
*
*
*
*

Woche 1

Woche 2

Woche 3

Woche 4

Woche 5

Übersicht

MONATSPLANER

Monat

Monatsziele
* ....
* ....
* ....
* ....
* ....
* ....

Termine
* ....
* ....
* ....
* ....
* ....
* ....

Veranstaltungen
* ....
* ....
* ....
* ....
* ....
* ....

Notizen
* ....
* ....
* ....
* ....
* ....
* ....

Woche 1

Woche 2

Woche 3

Woche 4

Woche 5

Übersicht

MONATSPLANER

Monat

Monatsziele
* ....
* ....
* ....
* ....
* ....
* ....
* ....

Termine
* ....
* ....
* ....
* ....
* ....
* ....
* ....

Veranstaltungen
* ....
* ....
* ....
* ....
* ....
* ....
* ....

Notizen
* ....
* ....
* ....
* ....
* ....
* ....
* ....

Woche 1

Woche 2

Woche 3

Woche 4

Woche 5

Übersicht

MONATSPLANER

Monat

Monatsziele
*
*
*
*
*
*
*

Termine
*
*
*
*
*
*
*

Veranstaltungen
*
*
*
*
*
*
*

Notizen
*
*
*
*
*
*
*

Woche 1

Woche 2

Woche 3

Woche 4

Woche 5

Übersicht

MONATSPLANER

Monat

Monatsziele
*
*
*
*
*
*
*

Termine
*
*
*
*
*
*
*

Veranstaltungen
*
*
*
*
*
*
*

Notizen
*
*
*
*
*
*
*

Woche 1

Woche 2

Woche 3

Woche 4

Woche 5

Übersicht

MONATSPLANER

Monat

Monatsziele
* ......
* ......
* ......
* ......
* ......
* ......
* ......

Termine
* ......
* ......
* ......
* ......
* ......
* ......
* ......

Veranstaltungen
* ......
* ......
* ......
* ......
* ......
* ......

Notizen
* ......
* ......
* ......
* ......
* ......
* ......
* ......

Woche 1

Woche 2

Woche 3

Woche 4

Woche 5

Übersicht

MONATSPLANER

Monat

Monatsziele
*
*
*
*
*
*
*

Termine
*
*
*
*
*
*

Veranstaltungen
*
*
*
*
*

Notizen
*
*
*
*
*
*
*

Woche 1

Woche 2

Woche 3

Woche 4

Woche 5

Übersicht

MONATSPLANER

Monat

Monatsziele
*
*
*
*
*
*

Termine
*
*
*
*
*
*

Veranstaltungen
*
*
*
*
*
*

Notizen
*
*
*
*
*
*

Woche 1

Woche 2

Woche 3

Woche 4

Woche 5

Übersicht

MONATSPLANER

Monat

Monatsziele
*
*
*
*
*
*
*

Termine
*
*
*
*
*
*
*

Veranstaltungen
*
*
*
*
*
*
*

Notizen
*
*
*
*
*
*
*

Woche 1

Woche 2

Woche 3

Woche 4

Woche 5

Übersicht

MONATSPLANER

Monat

Monatsziele
*
*
*
*
*
*

Termine
*
*
*
*
*

Veranstaltungen
*
*
*
*
*

Notizen
*
*
*
*
*
*

Woche 1

Woche 2

Woche 3

Woche 4

Woche 5

Übersicht

MONATSPLANER

Monat

Monatsziele
* ----
* ----
* ----
* ----
* ----
* ----
* ----

Termine
* ----
* ----
* ----
* ----
* ----
* ----
* ----

Veranstaltungen
* ----
* ----
* ----
* ----
* ----
* ----
* ----

Notizen
* ----
* ----
* ----
* ----
* ----
* ----
* ----

Woche 1

Woche 2

Woche 3

Woche 4

Woche 5

Übersicht

MONATSPLANER

Monat

Monatsziele
*
*
*
*
*
*
*

Termine
*
*
*
*
*
*
*

Veranstaltungen
*
*
*
*
*
*
*

Notizen
*
*
*
*
*
*
*

Woche 1

Woche 2

Woche 3

Woche 4

Woche 5

Übersicht

MONATSPLANER

Monat

Monatsziele
*
*
*
*
*
*
*

Termine
*
*
*
*
*
*
*

Veranstaltungen
*
*
*
*
*
*
*

Notizen
*
*
*
*
*
*
*

Woche 1

Woche 2

Woche 3

Woche 4

Woche 5

Übersicht

MONATSPLANER

Monat

Monatsziele
*
*
*
*
*
*
*

Termine
*
*
*
*
*
*
*

Veranstaltungen
*
*
*
*
*
*

Notizen
*
*
*
*
*
*
*

Woche 1

Woche 2

Woche 3

Woche 4

Woche 5

Übersicht

MONATSPLANER

Monatsziele
*
*
*
*
*
*

Termine
*
*
*
*
*
*

Veranstaltungen
*
*
*
*
*
*

Notizen
*
*
*
*
*
*
*

Woche 1

Woche 2

Woche 3

Woche 4

Woche 5

Übersicht

MONATSPLANER

Monat

Monatsziele
* ......
* ......
* ......
* ......
* ......
* ......
* ......

Termine
* ......
* ......
* ......
* ......
* ......
* ......
* ......

Veranstaltungen
* ......
* ......
* ......
* ......
* ......
* ......

Notizen
* ......
* ......
* ......
* ......
* ......
* ......
* ......

Woche 1

Woche 2

Woche 3

Woche 4

Woche 5

Übersicht

MONATSPLANER

Monat

Monatsziele
*
*
*
*
*
*
*

Termine
*
*
*
*
*
*
*

Veranstaltungen
*
*
*
*
*
*
*

Notizen
*
*
*
*
*
*

Woche 1

Woche 2

Woche 3

Woche 4

Woche 5

Übersicht

MONATSPLANER

Monat

Monatsziele
*
*
*
*
*
*
*

Termine
*
*
*
*
*
*
*

Veranstaltungen
*
*
*
*
*
*

Notizen
*
*
*
*
*
*

Woche 1

Woche 2

Woche 3

Woche 4

Woche 5

Übersicht

MONATSPLANER

Monat

Monatsziele
*
*
*
*
*
*
*

Termine
*
*
*
*
*
*
*

Veranstaltungen
*
*
*
*
*
*
*

Notizen
*
*
*
*
*
*

Woche 1

Woche 2

Woche 3

Woche 4

Woche 5

Übersicht

MONATSPLANER

Monat

Monatsziele
*
*
*
*
*
*

Termine
*
*
*
*
*
*

Veranstaltungen
*
*
*
*
*
*

Notizen
*
*
*
*
*
*

Woche 1

Woche 2

Woche 3

Woche 4

Woche 5

Übersicht

MONATSPLANER

Monat

Monatsziele
*
*
*
*
*
*
*

Termine
*
*
*
*
*
*
*

Veranstaltungen
*
*
*
*
*
*

Notizen
*
*
*
*
*
*
*

Woche 1

Woche 2

Woche 3

Woche 4

Woche 5

Übersicht

MONATSPLANER

Monat

Monatsziele
* ...
* ...
* ...
* ...
* ...
* ...
* ...

Termine
* ...
* ...
* ...
* ...
* ...
* ...

Veranstaltungen
* ...
* ...
* ...
* ...
* ...
* ...

Notizen
* ...
* ...
* ...
* ...
* ...
* ...

Woche 1

Woche 2

Woche 3

Woche 4

Woche 5

Übersicht

MONATSPLANER

Monat

Monatsziele
* _____
* _____
* _____
* _____
* _____
* _____
* _____

Termine
* _____
* _____
* _____
* _____
* _____
* _____
* _____

Veranstaltungen
* _____
* _____
* _____
* _____
* _____
* _____
* _____

Notizen
* _____
* _____
* _____
* _____
* _____
* _____
* _____

Woche 1

Woche 2

Woche 3

Woche 4

Woche 5

Übersicht

MONATSPLANER

Monat

Monatsziele
*
*
*
*
*
*
*

Termine
*
*
*
*
*
*
*

Veranstaltungen
*
*
*
*
*
*
*

Notizen
*
*
*
*
*
*

Woche 1

Woche 2

Woche 3

Woche 4

Woche 5

Übersicht

MONATSPLANER

Monat

Monatsziele
*
*
*
*
*
*
*

Termine
*
*
*
*
*
*
*

Veranstaltungen
*
*
*
*
*
*
*

Notizen
*
*
*
*
*
*
*

Woche 1

Woche 2

Woche 3

Woche 4

Woche 5

Übersicht

MONATSPLANER

Monat

Monatsziele
- *
- *
- *
- *
- *
- *

Termine
- *
- *
- *
- *
- *
- *

Veranstaltungen
- *
- *
- *
- *
- *
- *

Notizen
- *
- *
- *
- *
- *
- *

Woche 1

Woche 2

Woche 3

Woche 4

Woche 5

Übersicht

MONATSPLANER

Monat

Monatsziele
*
*
*
*
*
*
*

Termine
*
*
*
*
*
*
*

Veranstaltungen
*
*
*
*
*
*
*

Notizen
*
*
*
*
*
*
*

Woche 1

Woche 2

Woche 3

Woche 4

Woche 5

Übersicht

MONATSPLANER

Monat

Monatsziele
* ......
* ......
* ......
* ......
* ......
* ......
* ......

Termine
* ......
* ......
* ......
* ......
* ......
* ......
* ......

Veranstaltungen
* ......
* ......
* ......
* ......
* ......
* ......

Notizen
* ......
* ......
* ......
* ......
* ......
* ......
* ......

Woche 1

Woche 2

Woche 3

Woche 4

Woche 5

Übersicht

MONATSPLANER

Monat

Monatsziele
*
*
*
*
*
*
*

Termine
*
*
*
*
*
*
*

Veranstaltungen
*
*
*
*
*
*
*

Notizen
*
*
*
*
*
*
*

Woche 1

Woche 2

Woche 3

Woche 4

Woche 5

Übersicht

MONATSPLANER

Monat

Monatsziele
*
*
*
*
*
*
*

Termine
*
*
*
*
*
*

Veranstaltungen
*
*
*
*
*
*

Notizen
*
*
*
*
*
*

Woche 1

Woche 2

Woche 3

Woche 4

Woche 5

Übersicht

MONATSPLANER

Monat

Monatsziele
*
*
*
*
*
*
*

Termine
*
*
*
*
*
*
*

Veranstaltungen
*
*
*
*
*
*
*

Notizen
*
*
*
*
*
*
*

Woche 1

Woche 2

Woche 3

Woche 4

Woche 5

Übersicht

MONATSPLANER

Monat

Monatsziele
* ......
* ......
* ......
* ......
* ......
* ......
* ......

Termine
* ......
* ......
* ......
* ......
* ......
* ......
* ......

Veranstaltungen
* ......
* ......
* ......
* ......
* ......
* ......
* ......

Notizen
* ......
* ......
* ......
* ......
* ......
* ......
* ......

Woche 1

Woche 2

Woche 3

Woche 4

Woche 5

Übersicht

MONATSPLANER

Monat

Monatsziele
*
*
*
*
*
*
*

Termine
*
*
*
*
*
*

Veranstaltungen
*
*
*
*
*
*
*

Notizen
*
*
*
*
*
*

Woche 1

Woche 2

Woche 3

Woche 4

Woche 5

Übersicht

MONATSPLANER

Monat

Monatsziele
* ----
* ----
* ----
* ----
* ----
* ----
* ----

Termine
* ----
* ----
* ----
* ----
* ----
* ----

Veranstaltungen
* ----
* ----
* ----
* ----
* ----

Notizen
* ----
* ----
* ----
* ----
* ----
* ----
* ----

Woche 1

Woche 2

Woche 3

Woche 4

Woche 5

Übersicht

MONATSPLANER

Monat

Monatsziele
*
*
*
*
*
*

Termine
*
*
*
*
*
*
*

Veranstaltungen
*
*
*
*
*
*
*

Notizen
*
*
*
*
*
*
*

Woche 1

Woche 2

Woche 3

Woche 4

Woche 5

Übersicht

MONATSPLANER

Monat

Monatsziele
*
*
*
*
*
*
*

Termine
*
*
*
*
*
*
*

Veranstaltungen
*
*
*
*
*
*
*

Notizen
*
*
*
*
*
*
*

Woche 1

Woche 2

Woche 3

Woche 4

Woche 5

Übersicht

MONATSPLANER

Monat

Monatsziele
*
*
*
*
*
*
*

Termine
*
*
*
*
*
*
*

Veranstaltungen
*
*
*
*
*
*
*

Notizen
*
*
*
*
*
*
*

Woche 1

Woche 2

Woche 3

Woche 4

Woche 5

Übersicht

MONATSPLANER

Monat

Monatsziele
*
*
*
*
*
*
*

Termine
*
*
*
*
*
*
*

Veranstaltungen
*
*
*
*
*
*

Notizen
*
*
*
*
*
*
*

Woche 1

Woche 2

Woche 3

Woche 4

Woche 5

Übersicht

MONATSPLANER

Monat

Monatsziele
*
*
*
*
*
*
*

Termine
*
*
*
*
*
*
*

Veranstaltungen
*
*
*
*
*
*
*

Notizen
*
*
*
*
*
*
*

Woche 1

Woche 2

Woche 3

Woche 4

Woche 5

Übersicht

MONATSPLANER

Monat

Monatsziele
* ......
* ......
* ......
* ......
* ......
* ......
* ......

Termine
* ......
* ......
* ......
* ......
* ......
* ......

Veranstaltungen
* ......
* ......
* ......
* ......
* ......
* ......

Notizen
* ......
* ......
* ......
* ......
* ......
* ......
* ......

Woche 1

Woche 2

Woche 3

Woche 4

Woche 5

Übersicht

MONATSPLANER

Monat

Monatsziele
*
*
*
*
*
*

Termine
*
*
*
*
*
*

Veranstaltungen
*
*
*
*
*
*

Notizen
*
*
*
*
*
*

Woche 1

Woche 2

Woche 3

Woche 4

Woche 5

Übersicht

MONATSPLANER

Monat

Monatsziele
* ....
* ....
* ....
* ....
* ....
* ....
* ....

Termine
* ....
* ....
* ....
* ....
* ....
* ....
* ....

Veranstaltungen
* ....
* ....
* ....
* ....
* ....
* ....
* ....

Notizen
* ....
* ....
* ....
* ....
* ....
* ....
* ....

Woche 1

Woche 2

Woche 3

Woche 4

Woche 5

Übersicht

MONATSPLANER

Monat

Monatsziele
*
*
*
*
*
*
*

Termine
*
*
*
*
*
*
*

Veranstaltungen
*
*
*
*
*
*
*

Notizen
*
*
*
*
*
*
*

Woche 1

Woche 2

Woche 3

Woche 4

Woche 5

Übersicht

MONATSPLANER

Monat

Monatsziele
* ......
* ......
* ......
* ......
* ......
* ......

Termine
* ......
* ......
* ......
* ......
* ......

Veranstaltungen
* ......
* ......
* ......
* ......
* ......
* ......

Notizen
* ......
* ......
* ......
* ......
* ......
* ......
* ......

Woche 1

Woche 2

Woche 3

Woche 4

Woche 5

Übersicht

MONATSPLANER

Monat

Monatsziele
*
*
*
*
*
*
*

Termine
*
*
*
*
*
*
*

Veranstaltungen
*
*
*
*
*
*
*

Notizen
*
*
*
*
*
*
*

Woche 1

Woche 2

Woche 3

Woche 4

Woche 5

Übersicht

MONATSPLANER

Monat

Monatsziele
* ......
* ......
* ......
* ......
* ......
* ......

Termine
* ......
* ......
* ......
* ......
* ......
* ......

Veranstaltungen
* ......
* ......
* ......
* ......
* ......

Notizen
* ......
* ......
* ......
* ......
* ......
* ......

Woche 1

Woche 2

Woche 3

Woche 4

Woche 5

Übersicht

MONATSPLANER

Monat

Monatsziele
*
*
*
*
*
*
*

Termine
*
*
*
*
*
*
*

Veranstaltungen
*
*
*
*
*
*
*

Notizen
*
*
*
*
*
*
*

Woche 1

Woche 2

Woche 3

Woche 4

Woche 5

Übersicht

MONATSPLANER

Monat

Monatsziele
*
*
*
*
*
*
*

Termine
*
*
*
*
*
*
*

Veranstaltungen
*
*
*
*
*
*
*

Notizen
*
*
*
*
*
*
*

Woche 1

Woche 2

Woche 3

Woche 4

Woche 5

Übersicht

MONATSPLANER

Monat

Monatsziele
*
*
*
*
*
*
*

Termine
*
*
*
*
*
*

Veranstaltungen
*
*
*
*
*
*

Notizen
*
*
*
*
*
*
*

Woche 1

Woche 2

Woche 3

Woche 4

Woche 5

Übersicht

MONATSPLANER

Monat

Monatsziele
*
*
*
*
*
*
*

Termine
*
*
*
*
*
*
*

Veranstaltungen
*
*
*
*
*
*
*

Notizen
*
*
*
*
*
*
*

Woche 1

Woche 2

Woche 3

Woche 4

Woche 5

Übersicht

MONATSPLANER

Monat

Monatsziele
*
*
*
*
*
*

Termine
*
*
*
*
*
*

Veranstaltungen
*
*
*
*
*
*

Notizen
*
*
*
*
*
*

Woche 1

Woche 2

Woche 3

Woche 4

Woche 5

Übersicht

MONATSPLANER

Monat

Monatsziele
*
*
*
*
*
*

Termine
*
*
*
*
*
*

Veranstaltungen
*
*
*
*
*
*

Notizen
*
*
*
*
*
*

Woche 1

Woche 2

Woche 3

Woche 4

Woche 5

Übersicht

MONATSPLANER

Monat

Monatsziele
* ....
* ....
* ....
* ....
* ....
* ....
* ....

Termine
* ....
* ....
* ....
* ....
* ....
* ....
* ....

Veranstaltungen
* ....
* ....
* ....
* ....
* ....
* ....
* ....

Notizen
* ....
* ....
* ....
* ....
* ....
* ....
* ....

Woche 1

Woche 2

Woche 3

Woche 4

Woche 5

Übersicht

MONATSPLANER

Monat

Monatsziele
* ....
* ....
* ....
* ....
* ....
* ....

Termine
* ....
* ....
* ....
* ....
* ....
* ....

Veranstaltungen
* ....
* ....
* ....
* ....
* ....
* ....

Notizen
* ....
* ....
* ....
* ....
* ....
* ....
* ....

Woche 1

Woche 2

Woche 3

Woche 4

Woche 5

Übersicht

MONATSPLANER

Monat

Monatsziele
*
*
*
*
*
*

Termine
*
*
*
*
*
*
*

Veranstaltungen
*
*
*
*
*
*
*

Notizen
*
*
*
*
*
*
*

Woche 1

Woche 2

Woche 3

Woche 4

Woche 5

Übersicht

MONATSPLANER

Monat

Monatsziele
*
*
*
*
*
*
*

Termine
*
*
*
*
*
*

Veranstaltungen
*
*
*
*
*
*

Notizen
*
*
*
*
*
*

Woche 1

Woche 2

Woche 3

Woche 4

Woche 5

Übersicht

MONATSPLANER

Monat

Monatsziele
*
*
*
*
*
*
*

Termine
*
*
*
*
*
*

Veranstaltungen
*
*
*
*
*
*
*

Notizen
*
*
*
*
*
*
*

Woche 1

Woche 2

Woche 3

Woche 4

Woche 5

Übersicht

MONATSPLANER

Monat

Monatsziele
*
*
*
*
*
*

Termine
*
*
*
*
*
*

Veranstaltungen
*
*
*
*
*
*

Notizen
*
*
*
*
*
*

Woche 1

Woche 2

Woche 3

Woche 4

Woche 5

Übersicht

MONATSPLANER

Monat

Monatsziele
*
*
*
*
*
*
*

Termine
*
*
*
*
*
*
*

Veranstaltungen
*
*
*
*
*
*

Notizen
*
*
*
*
*
*

Woche 1

Woche 2

Woche 3

Woche 4

Woche 5

Übersicht

MONATSPLANER

Monat

Monatsziele
*
*
*
*
*
*

Termine
*
*
*
*
*
*

Veranstaltungen
*
*
*
*
*
*

Notizen
*
*
*
*
*
*

Woche 1

Woche 2

Woche 3

Woche 4

Woche 5

Übersicht

MONATSPLANER

Monat

Monatsziele
*
*
*
*
*
*
*

Termine
*
*
*
*
*
*
*

Veranstaltungen
*
*
*
*
*
*
*

Notizen
*
*
*
*
*
*
*

Woche 1

Woche 2

Woche 3

Woche 4

Woche 5

Übersicht

MONATSPLANER

Monat

Monatsziele
*
*
*
*
*
*

Termine
*
*
*
*
*
*

Veranstaltungen
*
*
*
*
*
*

Notizen
*
*
*
*
*
*
*

Woche 1

Woche 2

Woche 3

Woche 4

Woche 5

Übersicht

MONATSPLANER

Monat

Monatsziele
*
*
*
*
*
*
*

Termine
*
*
*
*
*
*
*

Veranstaltungen
*
*
*
*
*
*
*

Notizen
*
*
*
*
*
*
*

Woche 1

Woche 2

Woche 3

Woche 4

Woche 5

Übersicht

MONATSPLANER

Monat

Monatsziele
*
*
*
*
*
*

Termine
*
*
*
*
*
*

Veranstaltungen
*
*
*
*
*
*

Notizen
*
*
*
*
*
*

Woche 1

Woche 2

Woche 3

Woche 4

Woche 5

Übersicht

MONATSPLANER

Monat

Monatsziele
*
*
*
*
*
*

Termine
*
*
*
*
*
*

Veranstaltungen
*
*
*
*
*
*

Notizen
*
*
*
*
*
*

Woche 1

Woche 2

Woche 3

Woche 4

Woche 5

Übersicht

MONATSPLANER

Monat

Monatsziele
*
*
*
*
*
*
*

Termine
*
*
*
*
*
*

Veranstaltungen
*
*
*
*
*
*

Notizen
*
*
*
*
*
*

Woche 1

Woche 2

Woche 3

Woche 4

Woche 5

Übersicht

MONATSPLANER

Monatsziele
*
*
*
*
*
*
*

Termine
*
*
*
*
*
*
*

Veranstaltungen
*
*
*
*
*
*
*

Notizen
*
*
*
*
*
*
*

Woche 1

Woche 2

Woche 3

Woche 4

Woche 5

Übersicht

MONATSPLANER

Monat

Monatsziele
*
*
*
*
*
*
*

Termine
*
*
*
*
*
*
*

Veranstaltungen
*
*
*
*
*
*

Notizen
*
*
*
*
*
*
*

Woche 1

Woche 2

Woche 3

Woche 4

Woche 5

Übersicht

www.ingramcontent.com/pod-product-compliance
Lightning Source LLC
Chambersburg PA
CBHW070655220526
45466CB00001B/442